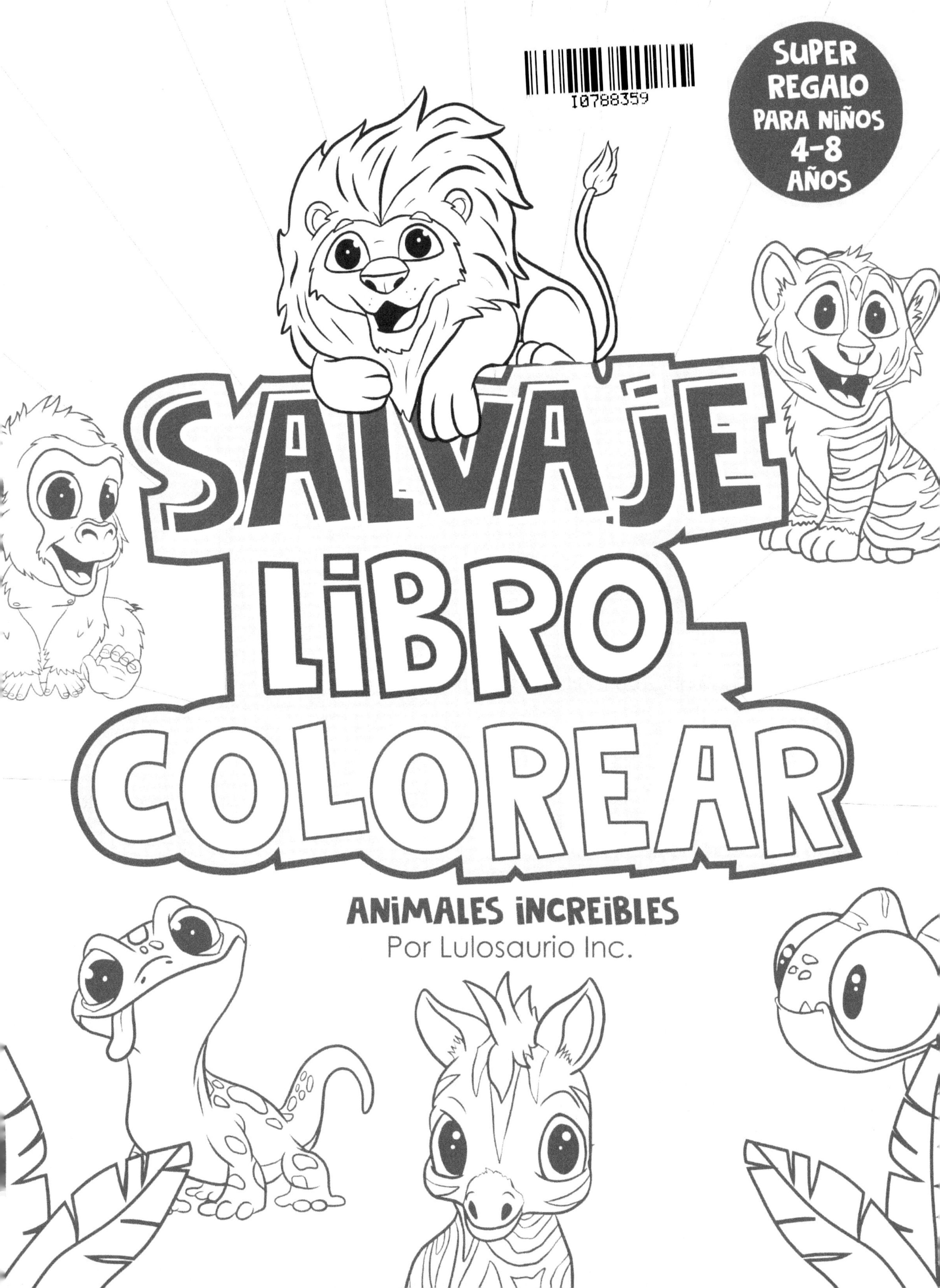

SUPER REGALO PARA NIÑOS 4-8 AÑOS
I0788359
SALVAJE
LiBRO
COLOREAR
ANiMALES iNCREÍBLES
Por Lulosaurio Inc.

INTRODUCCIÓN

Los animales salvajes son increíblemente asombrosos. Lamentablemente, algunos de ellos están en peligro de extinción, por lo que en Lulosaurio Inc. queremos compartir con ustedes nuestro amor y respeto por estas hermosas criaturas.

Hemos seleccionado los animales más representativos para que los niños puedan darles vida con sus colores favoritos, mientras se divierten encontrando nuestro adorable Lulosaurio.

Lulosaurio no es un dinosaurio, es un amigo especial que ha sido creado por nuestros propios hijos, para acompañarlo en su viaje de aprendizaje mientras se divierte al mismo tiempo.

Te retamos a descubrir en cada una de estas ilustraciones, donde se esconde Lulosaurio.

Esperamos que disfrute cada página de este libro tanto como nosotros.

Conclusión

Muchas gracias por comprar este libro. Si lo disfrutaste, por favor deja una reseña de Amazon.

Las críticas son el alma de nuestros esfuerzos de publicación: dejar una crítica positiva significaría todo para nosotros.

¡Salud!

- LuloSaurio Inc.

Solo un pequeño favor….

Pregunta por las reseñas ….

www.ingramcontent.com/pod-product-compliance
Lightning Source LLC
Chambersburg PA
CBHW081255250726
48654CB00012B/1613